AF451962

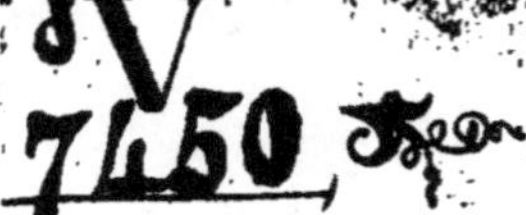

L'ŒUVRE

DE

DELACROIX

PAR

Henri du CLEUZIOU

PRIX : UN FRANC

PARIS

C. MARPON ET E. FLAMMARION

ÉDITEURS

26, RUE RACINE, PRÈS L'ODÉON.

L'ŒUVRE

DE

DELACROIX

PAR

HENRI DU CLEUZIOU

PRIX : UN FRANC

PARIS

C. MARPON ET E. FLAMMARION

ÉDITEURS

26, RUE RACINE, PRÈS L'ODÉON.

1885

SOMMAIRE

Paris, mars 1885.

Le nom d'Eugène Delacroix, brille aujourd'hui sur la façade de l'École des Beaux-Arts, et ses œuvres couvrent les murs des galeries du quai Malaquais.

Delacroix, refusé pendant vingt ans aux expositions annuelles.

Delacroix classé le soixantième, c'est-à-dire le dernier au concours de Rome, deux ans après avoir exposé la *Barque du Dante*.

Delacroix, conspué, méprisé, vilipendé pendant toute sa vie par les peintres officiels, qui, reçu membre de l'Institut, voyait refuser systématiquement par ses collègues tous les élèves qu'il présentait aux concours de l'École (lettre du 5 juillet 1862).

Delacroix enfin qui, sur son lit de mort, apprenant par sa gouvernante, la fidèle Jenny le Guillou, qu'un délégué de l'Académie était venu demander de ses nouvelles, s'écriait dans le délire de la fièvre : « M'ont-ils assez ennuyé, m'ont-ils assez insulté, m'ont-ils assez fait souffrir ces gens-là, mon Dieu ! » Eugène Delacroix triomphe en pleine Académie, dans ce palais même d'où on aurait voulu le chasser pour toujours.

La revanche est tardive, mais elle est éclatante.

« Le jour de la justice arrive, comme disait jadis Théophile Gautier, et c'est avec une consolation grande que l'on voit les talents vaillants et fiers, qui, dans leur amour de l'art, n'ont pas mendié les suffrages de la foule par des concessions, et, dédaigneux d'une popularité passagère, se sont obstinés à suivre cette voie escarpée, roboteuse, barrée de ronces, bordée de précipices, parvenir aux sommets lumineux où rayonne la vraie gloire. »

Que dira-t-on dans vingt ans des peintres à la mode choyés, caressés, adulés à cette heure? — Ce qu'on en dira? — Voyez déjà boulevard Saint-Germain, au Cercle de la librairie et ailleurs.

Nous n'avons rien à dire de l'exposition actuelle des œuvres de Delacroix, si ce n'est qu'elle est la première consécration de la postérité. Qu'on nous passe pourtant une simple observation sur la mesquinerie de cette hospitalité donnée au grand maître par ses anciens ennemis, il y a des haines qui survivent à tout, et c'est avec tristesse que nous avons vu les toiles illustres du peintre des *Croisés à Constantinople*, souillées de chiffres grossièrement tracés à la craie, les cadres de ses aquarelles salis par des numéros écrits à l'encre grasse, le *Prisonnier de Chillon* rejetée à des hauteurs invraisemblables. Les études les plus poussées, cachées dans l'ombre des grandes fenêtres ou reléguées dans les vestibules.

Pauvre grand homme on le dédaigne encore en haut lieu. Mais, nous l'avons dit, la vengeance de la Postérité, cette fois s'accentue et il y a un être qui a plus d'esprit que M. de Voltaire, qui s'appelle tout le monde, et qui le proclame grand au-dessus des mesquines rivalités qui s'acharnent encore au pied de sa statue. L'exposition de l'École des Beaux-Arts est le triomphe définitif de Delacroix.

Lorsqu'après sa mort, la Société nationale des Beaux-Arts entreprit la réhabilitation du maître, elle réunit au boulevard des Italiens la plupart de ses œuvres. C'est alors que fut écrite la brochure qu'on nous demande de rééditer aujourd'hui. Depuis, bien des faits se sont passés, *le Salon de la Paix*, à l'Hôtel de Ville et *les Travaux d'Hercule* ont disparu, le *Justinien* du Conseil d'État n'existe plus. Nous en

1.

avions alors parlé avec enthousiasme, nous n'avons voulu rien changer à ces pages, nous les redonnons telles qu'elles parurent en 1864. On aime à se rappeler, au jour de la victoire dans toute leur juvénile ardeur, les cris que l'on poussait au moment de la bataille, là est la seule excuse de la reproduction de notre modeste travail.

H. du C.

I

L'Année 1822. — La Lutte.

C'était en l'an de grâce 1822, sous le règne de Louis XVIII, dit *le Désiré*, roi depuis 1795, reconnu en 1814, comme le proclame le père Loriquet.

« On venait de voir le triomphe de la vertu sur le crime, de la religion sur l'impiété philosophique, de la société sur l'anarchie révolutionnaire. » (Inutile de dire que c'est toujours le susdit *révérend* qui parle). On possédait ce bon *père de Gand.* « Les peuples, longtemps affamés du désir de voir un roi, ne pouvaient encore en rassasier ni leurs yeux ni leurs cœurs. »

On avait proclamé l'*amnistie*, le *pardon*, l'*oubli*, que sais-je? On avait octroyé la Charte, on chantait dans les églises :

Vive la France,
Vive le roi,
Toujours en France
Les Bourbons et la foi.

Il y avait des missions, des processions, des congrégations, des associations, des propagations, des confessions. Jamais le royaume n'avait vu se lever d'une manière aussi brillante l'aurore d'un éternel bonheur.

Mais hélas! il y avait par-ci par-là des *exécutions*, des carcans, des guillotines et des fusillades.

On assassinait à Avignon le général Brune.

A Bordeaux, les jumeaux de la Réole ne trouvaient pas dans le barreau de défenseurs.

A Paris, le bon père répondait à Mme de la Bédoyère qu'il « ferait dire des messes pour le repos de l'âme de son mari. »

Ney tombait sous les balles françaises près de l'Observatoire.

Les religieuses du couvent où se trouvait Mlle de la Valette se retiraient d'elle comme d'une pestiférée, parce qu'elle avait sauvé son père.

A Rennes, le général Travot devenait fou d'une clémence qui l'arrachait à la mort, mais le condamnait à vingt ans de détention.

A Grenoble, le colonel de Vautré, cet homme de plume et d'épée, insultait les avocats, leur imposait silence et condamnait en bloc 21 personnes à la peine de mort.

J'en passe et des meilleurs.

Et la conspiration de Befort et Caron, et le capitaine Vallé, et le général Berton, et les sergents du 45ᵉ de ligne.

Quel admirable temps que celui de cette Restauration, où l'on condamnait les gens parce qu'ils portaient à la boutonnière des œillets rouges ou des violettes, parce qu'ils avaient sur leurs vêtements des boutons où il était écrit gendarmerie impériale, parce qu'ils appelaient leurs chevaux Cosaques, « un nom cher à tous les bons Français; » où l'on inventait des conspirations pour avoir de l'avancement et se faire appeler M. le baron!

Mais où l'on communiait régulièrement par pelotons, par bataillons, par divisions. Tartufe, entre deux oraisons, maniant la guillotine. La Terreur qui fait la bouche en cœur et se parfume.

Or, à cette glorieuse et mémorable époque, un jeune homme, amant désordonné de l'idéal, rêvait, accoudé devant une toile qu'il venait de terminer. Il appuyait sur sa main sa tête où bouillonnait toute l'effervescence de la pensée libre, ses yeux brillaient d'enthousiasme, et ses lèvres murmuraient de temps à autre : « C'est cela, c'est bien cela! »

Ce jeune homme s'appelait Eugène Delacroix, et cette toile était *la Barque du Dante*.

C'est que ce grand chemin sublime que perce, malgré toutes les tyrannies, ce que nous appelons l'humanité, venait de s'arrêter à un cul-de-sac. Le progrès ne pouvait plus marcher, il était devenu gras et goutteux.

On avait bien jeté bas, quelques années auparavant, une horrible montagne et l'horizon s'était déroulé grandiose, immense, aux yeux des chercheurs, mais devant ces plaines verdoyantes, s'étendait un marais fangeux où grouillaient je ne sais quels monstres échappés des ruines de la montagne, je ne sais quels débris d'armées englouties.

Nul n'osait se hasarder sur le gouffre. Le jeune homme dont nous parlons invoqua la Poésie, s'appuya sur l'épaule de Dante et de Virgile, monta dans la fantastique barque de Phlégias et traversa le marais.

Quelle audace! hurlèrent les critiques.

Des critiques en jabot, en gants jaunes, en bottes à la russe avec de petits collets, de larges chapeaux et des badines élégantes. Des critiques qui *pensaient bien* et n'avaient pas *le mauvais esprit*, comme on disait à la congrégation, chez *Monsieur* dans les salons du pavillon de Marsan.

Mais c'est tout simplement un révolutionnaire, un jacobin, un régicide, un romantique, en un mot, car ces aimables critiques allaient inventer ce mot.

Les voyez-vous mordre à la barque, et se tordre dans les eaux vertes du fleuve le Dité?

« Serre-toi près de moi, jeune homme, bannis la

crainte, dit la Poésie couronnée de lauriers, laisse hurler la foule et gronder la tempête, leurs efforts seront impuissants. »

Le peintre, du coup, toucha la rive opposée.

De ce voyage et de cette tempête, il devait lui rester bien des souvenirs, car il refit jusqu'à trois fois *Jésus calme et dormant*, quand autour de lui mugit la vague furibonde, que le vent siffle dans les cordages et que ses disciples eux-mêmes tremblent de peur.

Ah! les critiques qui s'acharnaient contre lui, comme il les méprisait. Vous souvenez-vous du *Tasse dans la prison des fous?* encore trois compositions diverses. Comme il est calme le poëte, comme il est grand, pendant qu'autour de lui grincent les dents et rient du gros rire de l'idiotisme des critiques d'un autre genre.

DELACROIX s'était affirmé, il resta l'homme de la lutte. C'était l'aspect sous lequel il considérait toute chose. Cet amour de la lutte devait plus tard, par la connaissance de sa force, le mener à l'amour de la paix. La vie de l'homme est un grand combat, mais la paix immortelle lui est promise après la victoire. Qu'on lui donne à faire des anges même, ce doux emblème si pur, si calme, si paisible, il ne verra dans leur histoire que la bataille :

Saint Michel terrassant le Dragon,

Héliodore, le voleur chassé du temple et battu de verges,

Jacob luttant avec l'envoyé du Très-Haut (1).

Qu'on lui donne à faire *la Liberté*, ce sera la fille aux seins durs, d'A. Barbier, qu'il prendra pour type ; le drapeau d'une main, la carabine de l'autre sur les barricades du faubourg.

Dans la mythologie, à qui s'en prendra-t-il? A *Hercule*, le grand dompteur de monstres.

Dans le moyen âge, qui le charmera?

Saint Louis à Taillebourg,

Charles le Téméraire à Nancy,

Le roi Jean à Poitiers,

Les croisés à Constantinople.

Dans l'histoire moderne, que verra-t-il tout d'abord?

Mirabeau devant le marquis de Dreux-Brézé,

Boissy d'Anglas à l'Assemblée.

Dans le désert, où ira-t-il chercher ses inspirations? Au milieu des *tigres*, des *lions* et des chasseurs sauvages au burnous blanc.

Quand il rêvera du soleil, son Apollon sera le dieu qui chasse les nuages, et lançant au loin ses traits, perce « le serpent immonde né du limon de la terre. »

Le soleil, comme il l'aimait! comme il le compre-

-----

(1) Église Saint-Sulpice.

nait! ce vrai soleil qui lui laissait prendre un de ses rayons pour illuminer ses toiles sublimes, ce soleil que n'avaient jamais aperçu ses critiques, qui criaient « à la bizarrerie insensée! » à la « fantasmagorie! » au « mélodrame! » qui voulaient le mettre « hors les rangs comme une jeune recrue qui fait feu avant le commandement. »

Le commandement, voilà quel était le mot d'ordre; lui, il aimait la liberté.

Criez, hurlez, mordez, hommes de la mode, des ordonnances et de la flagornerie; vous attendez le signal, vous autres, vous vous tournez vers tous les soleils levants, vos soleils sont stupides!

Regardez le sien, comme il est admirable!

DELACROIX ne sait pas dessiner! DELACROIX n'a pas la moindre idée de *la ligne!*

Est-ce que Shakespeare savait dessiner, lui? est-ce que Dante connaissait la ligne? est-ce qu'Eschyle s'occupait des *règles?*

Vous avez emprisonné ce grand Corneille, qui, malgré vous, et non pas à cause de vous, a fait des chefs-d'œuvre, et vous voudriez aligner les génies comme on aligne des militaires!

Halte là! regagnez votre marais, grenouilles, et coassez-y donc en longue paix; mais laissez marcher le monde, qui a la bonté de ne pas vous écraser en passant.

2

II

L'Étude des chefs-d'œuvre. — Shakespeare. — Gœthe
et lord Byron.

Je viens de prononcer le nom de Shakespeare. C'é-
tait dans l'étude approfondie des chefs-d'œuvre, et
surtout de Shakespeare, que DELACROIX avait su
prendre cette soif d'indépendance qui seule conduit
l'artiste à la recherche du grand, du beau, du vrai,
de l'idéal, enfin.

Hamlet, Ophélia, Macbeth, Desdémone, il avait
tout lu, tout saisi, tout compris.

Comme elle est navrante, la personnification de ce
jeune homme debout devant la tombe, contemplant
le crâne d'Yorick, « cette belle caboche pleine de
belle boue ! »

Comme elle est funeste cette silhouette du fils du
roi de Danemark, poursuivant à travers tout, même
à travers la folie, la vengeance de son père!

« Tiens, un rat! » — « Des mots, des mots, des
mots. »

Les légendes elles-mêmes sont choisies avec ce goût exquis qui ne peut naître que de la conviction sincère du sujet.

Les tableaux de *Lady Macbeth* allumant sa lampe et s'en allant errer dans ses vêtements de nuit au milieu des corridors sombres; d'*Othello* dont l'œil brille dans l'ombre près du lit rouge où dort paisiblement la candide Desdémone; de la douce *Ophélia* qui se balance si gracieusement accrochée aux branches du saule, se laissant aller à la mort comme une amante aux bras de son époux; d'*Hamlet* poussant du pied le cadavre de Polonius et lui faisant cette simple oraison funèbre : « Toi, misérable impudent, indiscret, imbécile, adieu; » du *roi Claudius agenouillé*, tremblant sous le poids de son remords, pendant que derrière lui se dresse la Vengeance, qui rengaîne son glaive de peur d'envoyer son âme en paradis. Ces tableaux, dis-je, vous font pénétrer de plus en plus dans le poème de Shakespeare; ils sont comme une initiation nouvelle. On dirait un voile que l'on déchire, et qui vous laisse voir à vif ce que vous n'aviez fait jusqu'ici que deviner ou qu'apercevoir.

Du contact de deux génies s'élance un éclair qui semble illuminer toutes choses autour de lui.

Nous avons regretté de ne rien trouver des lithographies de Faust au salon du boulevard des Italiens.

Les esquisses trop rares qui sont disséminées par-ci

par-là ne rendent pas complètement la conception d'Eugène Delacroix sur l'œuvre de Gœthe.

C'était pourtant encore un homme qu'il avait idéalisé, celui-là.

Contentons-nous de ce qui nous est offert.

Faust et Wagner rencontrent le chien fantastique qui doit être plus tard Méphistophélès.

« Remarques-tu ce barbet noir qui semble tirer à nos pieds des lacets magiques, comme pour nous attacher? »

Ah! que cette simple esquisse fait désirer le reste. Comme nous le disions tout à l'heure, Delacroix avait compris Faust aussi bien qu'Hamlet. Ce barbet noir a une allure extraordinaire; il est vraiment diabolique; il grogne avec une incertitude d'outre-tombe.

Je ne dirai rien de *Marguerite à la sortie de l'église*, ni de *Méphisto au milieu des étudiants*. Ces esquisses imparfaites ne sont que le germe d'une chose fort belle, mais que l'on ne peut apprécier sur une simple note prise au courant de l'inspiration.

Une première entrevue de *Méphistophélès et du docteur* et *le Sabbat* dans la vallée de Schirk ont une couleur plus accusée, plus germanique, plus extraordinaire.

Delacroix parlait bien mieux avec le pinceau qu'avec la plume ou le crayon. Donnez un orgue au

2.

musicien inspiré, il dira son rêve; sur un piano bourgeois, il ne fera que l'épeler.

Il fallait à notre peintre les richesses et les hasards de la palette, et non le froid et sec contour de l'encre et de la mine de plomb.

Je ne puis que passer rapidement devant les scènes des romans de Walter Scott. Elles ont un cachet sans doute. Mais on sent devant ces toiles qu'elles n'ont été travaillées que par délassement pour ainsi dire. On lit si facilement ces jolies choses du romancier d'Écosse qu'on les oublie de même; elles ne vous *empoignent* pas, pour employer une expression dont on ne se servait à l'époque dont nous parlons que pour les députés des chambres françaises (1).

Il n'en est pas de même de lord Byron.

Delacroix a fait deux fois *le Combat de Giaour et du Pacha*. Et certes il redisait en lui-même les vers sonores de l'auteur de *Child-Harold*, quand il courbait sur leurs montures ces deux êtres acharnés; il se souvenait de la strophe énergique du pèlerin sombre, quand il dressait sur le bord de l'onde ce chrétien qui lance un regard attristé vers le château et fait un geste de désespoir si farouche.

Et dans *la Mort de Lara* et dans la *Barque de*

(1) Manuel.

Don Juan, comme on sent déborder la couleur by-ronienne.

Il devait aimer cet homme, le grand peintre français, car il lui doit presque ses plus belles inspirations, *Marino Faliero* et *les Massacres de Scio*. C'est qu'alors Byron chantait la Grèce, cette Pologne de 1824 et qu'il appelait vigoureusement aux armes tous les amis de la liberté, tous les partisans des nationalités, un mot qui n'avait pas encore vu le jour.

III

La Guerre de l'indépendance en Grèce.

La Grèce, « ce cœur de l'humanité, » comme l'appelle Michelet, dans ce style condensé que l'on ne comprend pas tout d'abord, parce qu'au milieu du clair-obscur où nous vivons, il nous éblouit; mais où l'on découvre tant de choses quand les yeux commencent à s'habituer à sa lumière; la Grèce, à l'époque où nous prenons DELACROIX, donnait la fièvre à l'Europe.

« Il avait suffi d'un lointain reflet de cette Grèce, » c'est toujours Michelet que nous citons, « pour faire frémir autrefois l'humanité, quand sous la Renaissance elle s'était levée, embrassant des deux bras les troncs mutilés des statues immortelles de Phidias, en se retrouvant elle-même. »

En 1826, elle cria ce mot magique *Liberté*, et tout trembla d'un bout du monde à l'autre.

Victor Hugo chantait :

« En Grèce! en Grèce! adieu, vous tous, il faut partir.
Qu'enfin, après le sang de ce peuple martyr
    Le sang vil des bourreaux ruisselle!
En Grèce, ô mes amis! vengeance, liberté.
Ce turban sur mon front! ce sabre à mon côté!
    Allons, ce cheval, qu'on le selle!
Quand partons-nous? Ce soir! demain serait trop long.
Des armes, des chevaux... etc., etc.

Casimir Delavigne chantait :

Guerre, guerre aux tyrans! Nochers, fendez les flots,
Du haut de son tombeau Thémistocle domine
    Sur ce port qui l'a vu si grand;
Et la mer à vos pieds s'y brise en murmurant
    Le nom sacré de Salamine.

Guerre aux tyrans! Soldats! le voilà ce clairon
Qui des Perses jadis a glacé le courage!
Sortez par ce portique, il est d'heureux présage,
Pour revenir vainqueur, par-là sortit Cimon;
C'est là que de son père on suspendit l'image.
Partez, marchez, courez; vous courez au carnage,
    C'est le chemin de Marathon.

Casimir Delavigne! je ne puis, en parlant d'EUGÈNE
DELACROIX, m'empêcher de faire entre ces deux
hommes un rapprochement.

Ils devaient s'inspirer mutuellement, car ils buvaient à la même source, n'étaient-ils pas tous deux amoureux fous d'une chose : l'immortelle Liberté?

Casimir Delavigne a fait *les Messéniennes* et *la Parisienne*. DELACROIX a fait *les Massacres de Scio* et *Le 29 juillet*.

Quel temps que celui-là où les poètes entonnaient ces refrains qui nous sont restés!

> En avant, marchons
> Contre leurs canons,
> A travers le feu, le fer des bataillons,
> Courons
> A la victoire.

Où les peintres, rivalisant d'enthousiasme, avaient des soupirs pour toutes les douleurs, des encouragements grandioses pour toutes les indépendances; où Scheffer faisait les *Femmes Souliotes*; DELACROIX, *la Mort de Botzaris;* Hugo, *les Orientales;* Delavigne, le chant des Polonais, *la Varsovienne, Parthénope et l'étrangère,* et le *Dies iræ de Kosciuszko.*

« O Grèce, bien froid est le cœur de l'homme qui peut te voir et ne pas sentir pour toi ce qu'éprouvent les amants auprès des cendres de celle qu'ils aimèrent (1)!

(1 Lord Byron.

IV

Une remarque curieuse, c'est que tous ceux dont nous venons de parler étaient à la tête de cette phalange rebelle qui était censée vouloir anéantir l'antiquité.

Certes, ce n'était pas contre l'antiquité qu'elle levait si fièrement l'étendard de la révolte, mais contre les innombrables pédants qui s'installent toujours à la porte de tous les temples et vendent, à beaux deniers comptants, je ne sais quels produits immondes qu'ils font passer pour sanctifiés. Race de marchands et de juifs, qu'on a beau chasser à coups de verges et fouetter de la bonne manière, qui reçoivent en maugréant les coups et les injures, mais restent en possession de leurs boutiques.

Est-ce qu'un seul de ces soi-disants *classiques* se leva à cette heure pour défendre la Grèce? Non !

non ! il ne s'agissait pas des *Règles* et les insurgés d'Athènes et de Sparte sortant des règles étaient condamnables et méprisables sur tous les points.

La terre d'Eschyle, de Sophocle, d'Euripide, d'Homère et de Platon ; la terre qu'aimaient Racine, Corneille et Boileau, fut défendue par les *Romantiques*.

Classiques ! Romantiques ! Des mots ! des mots ! des mots ! comme disait Hamlet.

Il n'y a dans l'espèce humaine, c'est M. Édouard Laboulaye qui vient de le découvrir, que deux grandes familles qui vivent mêlées, mais qui sont entièrement distinctes et plus opposées que le jour et la nuit. A la première, que provisoirement il appelle *Lumineuse,* appartient « la race qui s'imprègne de soleil, ce qui
« explique comment les individus de cette race élec-
« trisent ce qu'ils approchent et répandent autour
« d'eux la chaleur, l'éclat et la vie. Ce sont les poètes,
« les artistes, les inventeurs, les apôtres, les patriotes,
« les amoureux et autres fous de même sorte.

« La seconde catégorie, qui n'a de nom dans aucune
« langue, mais qu'on pourrait appeler *Réfractaire,*
« comprend ces individus que je crois pétris de terre
« et de neige fondante, car ils distillent partout l'hu-
« midité, le froid, le brouillard et l'ennui. Ce sont
« les impuissants, les envieux, les critiques, qui n'ont
« de force que pour mordre, les femmes incomprises,

« les sceptiques, les dédaigneux, les jeunes gens
« blasés, les importants, les hommes graves, les
« personnages solennels, les.... mais ne parlons pas
« politique (1). »

DELACROIX et les autres étaient de la famille des
Lumineux, ils se levèrent. Les classiques, qui faisaient
partie des *Réfractaires*, gardèrent le silence.

La Grèce de 1828 n'était pas du tout leur affaire,
non plus que celle d'autrefois, car, grâce aux travaux
des savants, des vrais savants, ce petit joujou qu'ils
s'étaient fabriqué tout exprès et devant lequel ils
faisaient toutes leurs cérémonies, s'en va tous les
jours en poussière.

Tous ces grands noms de l'antiquité, tous ces grands
mythes de Delphes, d'Athènes et d'Éleusis commencent
à prendre une tout autre tournure que celle que voulaient bien leur attribuer tous ces faiseurs de processions et de théories, qui ne regardent les choses que
par le petit bout de la lorgnette.

Dans *Hercule* on commence à voir autre chose que
le grand chasseur de bêtes féroces, le géant vigou-
reux, qu'on s'était plu à faire pavaner devant nous
au collège.

Dans *Prométhée* on distingue aujourd'hui tout un
monde d'idées anti-tyranniques, qu'on avait voilé à

(1) Contes Bohèmes.

dessein sous une banale et mesquine personnification. Le grand rebelle, le fils de la Justice, de l'antique Thémis, se dresse enfin sur son rocher.

Oreste, poursuivi par les Euménides, aux pieds d'Apollon, n'est plus seulement l'assassin qui demande pardon en priant les dieux de tout son cœur.

Œdipe devinant les énigmes du sphinx, comme l'a si bien compris M. Moreau au dernier Salon, ne peut rester ce qu'en faisaient les professeurs à lunettes, un spirituel loustic qui trouve l'explication des rébus.

Phœbus, enfin, chasse définitivement les vrais nuages ; il jette au feu la perruque dont le dix-huitième siècle l'avait affublé. Il ne se nomme plus Louis XIV, il s'appelle désormais *Lumière*.

Eugène Delacroix, bien avant les récents travaux de Michelet et des autres, voyait déjà l'Olympe des anciens sous son véritable aspect, et traçait dans ses toiles, en lettres flamboyantes, la divine morale de ces fables sublimes.

Celui qui plaçait côte à côte Orphée, Aristote, Cicéron, saint Jérôme, ne devait pas se laisser arrêter par les subtilités didactiques de tous ces grands messieurs.

V

La Mythologie grecque. — Hercule. — Apollon.

Les peintres, quand ils s'y mettent, sont les plus grands flatteurs de la création, après les poëtes.

Ils ont ravagé l'Hélicon, et se sont vautrés dans toutes les vallées qu'arrose le Permesse.

L'Olympe s'est encanaillé, grâce à eux, d'une terrible façon.

La Renaissance, tout d'abord, a couvert les plafonds et les murailles de divinités passablement humaines. Sous Louis XIV, le premier venu montait au ciel comme on monte en carrosse.

Il était temps de nettoyer ces nouvelles étables d'Augias; il fallait retrouver un Hercule; même, celui d'autrefois, après avoir servi à représenter François Ier à Fontainebleau, et tous les guerriers possibles et impossibles dans les palais de France et d'Italie, avait fini par se rendre d'église, et grâce à Lemoyne par devenir le cardinal Hercule de Fleury, que les amours (?) traînaient à Louis Jupiter de Bourbon et à Junon Leczinska, pendant que Vénus, une Châteauroux quelconque, détournait les yeux avec dédain (1).

Je ne parle pas des autres dieux, ni des autres déesses ; elles sentaient d'une lieue le courtisan, le gentilhomme et le benjoin.

En 1828, la tradition ne s'était pas encore perdue. Gros venait de faire Louis XVIII en plein ciel, en compagnie de Charlemagne, de Clovis et de saint Louis, etc., etc., etc. ; et M. Ingres, l'homme des processions grecques, rêvait encore d'apothéoses.

Malepeste ! il était temps que cela finît.

Delacroix rendit à Hercule sa simple massue et son grand cœur.

Le *travailleur* reprit sa place.

Il recommença à punir *Diomède*, le grand seigneur qui nourrissait ses chevaux avec de la chair d'hommes. Quelle énergie dans cette simple esquisse ! A broyer *Antée* le féroce, qui voulait bâtir un temple à Neptune avec des crânes ; à vaincre la farouche *Hippolyte*. Quelle délicatesse dans la pose du héros qui relève la femme qu'il a domptée ; à détruire les Centaures ravisseurs, etc., etc.

Puis, *ses travaux* faits, il se repose.

(1) Salon d'Hercule, château de Versailles.

Sur son char, Apollon arrivait pour éclairer le monde.

Le repos d'Hercule, repos de l'invention du peintre, est un des tableaux les plus philosophiques d'Eugène Delacroix.

Lorsque le critique cherche, dans l'œuvre d'un maître, son caractère, ses tendances, sa vie intellectuelle enfin, il se rencontre des gens qui viennent lui dire : Imagination ! imagination !

Jamais l'artiste n'a rêvé tout cela. Mais vous êtes fou, mon cher ! Est-ce que les peintres pensent ? Ils peignent n'importe quoi, et voilà tout.

A ceux-là je répondrai : Allez voir le *Repos d'Hercule*, et lisez la note qu'Eugène Delacroix fit lui-même pour son plafond d'Apollon.

« Le dieu, monté sur son char, a déjà lancé une
« partie de ses traits ; Diane, sa sœur, volant à sa suite,
« lui présente son carquois. Déjà percé par les flèches
« du *dieu de la chaleur et de la vie*, le monstre
« sanglant se tord en exhalant dans une vapeur
« enflammée les restes de sa vie et de sa *rage im-*
« *puissante*. Les eaux du déluge commencent à tarir,
« et déposent sur le sommet des montagnes ou en-
« traînent avec elles les cadavres des hommes et des
« animaux. Les dieux sont *indignés de voir la terre*
« *abandonnée à des monstres informes*, produits
« impurs du limon. Ils se sont armés comme Apollon.

« Minerve, Mercure, *s'élancent pour les extermi-*
« *ner*, en attendant que la *sagesse éternelle repeuple*
« *la solitude de l'univers.* Hercule les écrase de sa
« massue ; Vulcain, le dieu du feu, chasse devant lui
« la Nuit et les vapeurs impures, tandis que Borée et
« les Zéphirs sèchent les eaux de leur souffle, et achè-
« vent de *dissiper les nuages.* Les Nymphes des
« fleuves et des rivières ont retrouvé leur lit de ro-
« seaux et leur urne encore souillée par la fange et
« les débris. Des divinités plus timides contemplent
« à l'écart ce *combat des dieux et des éléments.*
« Cependant, du haut des cieux, la Victoire descend
« pour couronner Apollon vainqueur ; et Iris, la mes-
« sagère des dieux, déploie dans les airs son écharpe,
« symbole du *triomphe de la lumière sur les téné-*
« *bres* et sur la révolte des eaux. »

Cette note n'a pas besoin de commentaires, et tout le monde connaît trop bien la magnifique composition du grand artiste, pour que je me permette après lui d'autre réflexion.

Dans la grande galerie Louis XIV du Louvre, l'œuvre de Delacroix semble un *Te Deum* chanté dans une mosquée de vrais croyants. On dirait un homme en blouse fourvoyé parmi des grands seigneurs chamarrés d'or.

Un dernier mot en faveur de ma thèse. Delacroix comprenait si bien la mythologie *humaine* que, chargé de faire les quatre Saisons, il conçut le *Printemps* sous la figure d'*Eurydice* poursuivie par l'amoureux Aristée et rencontrant un serpent sous des fleurs; l'*Hiver*, sous celle de *Junon* l'implacable, allant chercher Éole et livrant la mer à la fureur déchaînée des quatre vents du ciel; l'*Été*, sous l'apparence du rutilant *Bacchus*, descendant de son char traîné par des panthères; l'*Automne*, enfin, sous l'aspect de *Diane* la chasseresse, surprise au fond des bois par Actéon.

Il était loin des classiques, ce nouvelle Œdipe des énigmes de l'antiquité. Il était loin des *réfractaires*, ce lumineux artiste, des chefs-d'œuvre duquel rayonnent la vie, l'amour, la chaleur, le génie.

Comment n'aurait-il pas chanté à sa manière la liberté moderne de la Grèce? Les *Massacres de Scio* étaient la conclusion directe de son amour de l'antiquité, et le plus grand éloge que l'on puisse faire de cette sublime composition, c'est qu'elle provoqua et força peut-être l'intervention française dans la guerre de l'indépendance (1)?

Comment ne pas verser des larmes devant la douleur de cette femme à l'œil fauve qui blêmit de rage près des cadavres de ses enfants? devant cet homme

____

(1) Delacroix exposa *les Massacres de Scio* et *la Mort de Faliero* au profit des blessés grecs.

dont les nerfs se crispent et dont la main demande, mais en vain, la crosse d'un pistolet ou le manche d'une carabine ? devant cette mère enfin qui se précipite à la crinière du cheval monté par le bourreau de sa fille ?

Comment ne pas haïr ce Turc immonde dont la silhouette obscure surveille toute cette scène ? Comment ne pas hurler devant l'impassibilité froidement féroce de celui qui dégaîne à moitié son cimeterre, lâche brute qui ose traîner des femmes à la queue de son coursier ?

Navarin était la conséquence des *Massacres de Scio*.

VI

La Douceur de la force.

La force est généralement douce.

La bête vigoureuse se laisse aisément conduire par la faiblesse.

L'homme fort corporellement est placide.

Le vrai savant marche calme et froid pendant qu'on vocifère autour de lui des injures.

Vous avez sans doute maintes fois rencontré, au détour d'un chemin creux, un bœuf à la majestueuse encolure qui d'un pied puissant broie tranquillement la terre sous ses pas ; une petite fille, une enfant frêle, délicate et mignonne, tient naïvement en laisse le puissant animal, sa voix grêle lui lance de temps à autre un commandement, une injure même, et la docile bête courbe la tête et suit son guide sans mot dire.

Vous avez vu bien souvent, sur la montagne, une cavale à la crinière flottante, son dur sabot fait voler au loin la poussière, elle se cambre sur ses jarrets frémissants, ses naseaux fument, son poitrail se dresse, et la petite main d'un pâtre qui, nu-pieds, la monte à cru, suffit pour la calmer soudain, pour la diriger à son gré, pour la ramener dans le banal sentier de la ferme.

Est-ce que les bouledogues à l'œil sanglant, est-ce que les terre-neuve à l'épaisse fourrure, font l'aumône d'un coup de patte ou d'un coup de dent à tous les roquets de carrefour qui les poursuivent de leurs jappements prolongés ?

Est-ce que, parmi les hommes, il ne faut pas nombre de taquineries et de coups d'épingle pour faire sortir de sa placidité habituelle l'être aux muscles puissants, à la poitrine large et forte qui, d'un seul revers de main, écraserait les méchants qui le harcellent ?

Elle avait bien raison, la sagesse antique, de soumettre Hercule aux caprices d'Omphale, le mythe de la force domptée par la faiblesse devait être inventé par elle.

Dans le domaine de l'intelligence, les mêmes causes produisent les mêmes effets.

Le grand poète, les yeux toujours fixés vers ce qui fut autrefois, vers ce qui vient derrière les siècles, n'écoute pas, n'entend **même pas** les critiques à basse vue qui jappent tout autour de lui.

Le savant qui lutte corps à corps avec la matière, la saisit, la renverse, la terrasse, pour la regarder, l'analyser et en faire sortir l'esprit; le savant ne sait pas qu'il y a cent ignares qui le contestent, le discutent et l'injurient : il lutte toujours.

Et le philosophe, qui vient de découvrir un enchaînement sublime, une gradation merveilleuse dans le développement successif de l'humanité , qui, jouissant de son œuvre le cœur plein de sa grandiose esquisse, la savoure délicieusement, croyez-vous qu'il s'occupe du *distinguo* subtil de quelque élève de Thomas ou d'Augustin, qui, tout fier de son sophisme, fait parade de sa fausse science et crie à tue-tête : J'ai aboyé, donc j'ai raison, donc il a tort. Le philosophe continue son œuvre sans s'arrêter.

La vraie force ne frappe pas, elle persuade.

Quand vous verrez un homme élevé en dignités s'entourer de valetaille brillante, se cantonner dans un donjon, déployer autour de lui tout l'attirail de la guerre et du bruit, faire briller partout l'acier des batailles, armer le monde enfin.

Dites-vous : celui-là est faible !

Quand vous entendrez hurler, au moindre cri, une caste qui ne parle que d'honneur, de pitié, de charité, etc., etc., une coterie qui se pose en martyre;

quand vous les verrez baver l'injure à chaque parole
et se tordre sans cesse à la moindre égratignure;
quand vous les verrez vociférer à l'apparence même
d'une attaque.

Dites-vous : ces gens-là sont faibles !

La force aime la paix, elle est douce.

VII

S'il est parmi les artistes de notre époque un homme qui se soit senti fort et qui soit resté doux, ce fut certes EUGÈNE DELACROIX.

Au reste, comme à toutes les gloires, on ne lui a pas épargné les contestations et les injures.

A tous les gros mots de ses détracteurs il ne répondait rien.

Il avait déjà fait *la Barque de Jésus dans la tempête*, *le Tasse dans la Prison des Fous*, il peignait *Daniel dans la Fosse aux Lions*, c'était sa manière de répliquer à lui.

Et pourtant la violence devait être le fond de ce tempérament bilieux. Quelle fougueuse nature que la sienne.

Avoir créé *le Boissy d'Anglas*, ce monstrueux

envahissement de l'Assemblée par la tourbe frémissante de la rue, cette esquisse, qui, comme le dit si bien M. Champfleury, sent la poudre et le sang, où l'on entend hurler l'émeute qui arrive de je ne sais quelles profondeurs sombres avec ses cris, ses femmes qui battent la caisse, ses plaisanteries féroces et sa race furibonde, esquisse qui fit trembler les juges, et fut rejetée par eux, épouvantés de tant d'audace ;

Avoir jeté sur la neige de *Nancy* tout ce sinistre fouillis de guerriers qui se heurtent fer contre fer, cuirasses contre cuirasses, lutte froide, sanglante, funeste, près de laquelle on rêve quand vient le soir, que le jour tombe et qu'on est seul au salon, près de laquelle on croit entendre je ne sais quel cliquetis de lances, de casques, d'épées et de fauchards, je ne sais quelle lourde chute de cavaliers sur le sable ;

Avoir lancé sur *le pont de Taillebourg* saint Louis sur son coursier fauve, brandissant sa masse d'armes au-dessus des têtes, écrasant des hommes et s'engageant en pleine mêlée, à peine suivi de son escorte blasonnée de hauts et puissants seigneurs ;

Montjoie Saint-Denis ! c'était prouver assez qu'on avait l'entente parfaite de la bataille échevelée, de la *furia* française. C'était servir à ceux qui en sont encore à glorifier César, Alexandre et Louis, comme on disait au XVII⁵ siècle, un plat succulent au possible.

C'était promettre le plus féroce entassement de cadavres qu'on eût pu rêver.

Mais Delacroix alors se prit à réfléchir aux petites maisons de la Macédoine, à la conquête, aux conquérants, et il pensa.

Un jour il fit défiler devant un cheval monté par un homme petit, maigre, chétif, des masses innombrables de cavaliers rouges, de fantassins bleus, de baïonnettes et de drapeaux; et sur ce fond guerrier il détacha la silhouette d'une scène d'adieux navrants pleine de larmes, de doute, pleine de terreurs, une scène de mères, de filles, d'amantes en pleurs, une scène de 1812.

Une autre fois, dans le fort du combat près du roi *Jean, à la bataille de Poitiers*, au moment où, la tête découverte, l'œil plein de vengeance, le pied sur un monceau de soldats tués, le roi se prépare encore à la lutte et demande des corps à broyer, des bras à casser, des cœurs à percer, des têtes à faire rouler à terre, ce grand artiste plaça la jolie petite tête blonde de l'enfant du vaincu, qui de sa petite main blanche arrête l'élan des ennemis, et demande grâce et pardon pour son père.

On lui donna à faire l'*Entrée des Croisés à Constantinople*. Sur la colline, près des temples augustes, il jeta Beaudoin et son étrange suite avec ses casques formidables, ses lances sanglantes, ses pennons éclatants; puis à genoux près du comte de Flandre, un vieillard et des femmes éplorées qui implorent la clémence des chevaliers, pendant qu'on traîne sur les dalles de marbre de leurs palais les évêqnes et les patriarches, pendant que la soldatesque poursuit au loin les jeunes filles qui s'enfuient effarées, que la ville brûle, que le carnage ruisselle partout jusque sur les rives du Bosphore.

Dans la guerre il commençait à voir la paix; il aimait la paix.

C'est alors que son cœur s'ouvrit à la pitié, il venait de connaître sa force, il devenait clément, il devenait doux.

VIII

La Pieta.

Il existe un immense colosse qui s'appelle la Religion catholique, sublime statue de marbre qui domine l'océan du monde, comme jadis l'antique colosse dominait le port de Rhodes.

Pure, blanche, immaculée, sa figure sublime est radieuse.

Jadis elle fut belle de toute la beauté de son chef, le plus beau des enfants des hommes.

Mais le long de cette statue les plantes parasites ont monté, se sont accrochées, tordues. Avec les mousses de la mer, les lichens verdâtres, sont arrivées : ces immondes bêtes qui s'accrochent et pullulent à l'infini sur le roc, coquilles de toute forme et de toute sorte ; la beauté de la statue a disparu ; c'est à peine aujourd'hui si l'on en découvre même la forme.

Il faut gratter les mollusques, peut-être réussira-t-on à retrouver le marbre.

Le grand mot de cette religion, c'était amour. *Filioli, diligite invicem.* Le second était espérance, consolation. — Heureux les petits, les pauvres et les déshérités de la terre.

Aimer les hommes jusqu'à la mort !

Eugène Delacroix dans la religion vit aussi ces deux grands mots : amour et consolation. Il fit deux ou trois fois le bon Samaritain. Il songea de toutes les manières au dévouement sublime de la grande veillée des Oliviers.

Tout le monde connaît son *Christ* de l'église de *Saint-Paul-Saint-Louis.* L'exposition de la Société nationale des beaux-arts nous a prouvé jusqu'à quel point ce grand artiste avait fouillé cette idée de la passion du dévouement. Ce Christ abattu par la douleur et consolé par les anges, il y a souvent rêvé. Cinq ou six esquisses de la même idée sont sorties de son pinceau.

La *Pieta,* de même reproduite nombre de fois, a prouvé aux détracteurs du peintre qu'il creusait bien profondément une idée avant de s'y arrêter définitivement. Delacroix apportait à la recherche de sa forme une patience que ne laissait pas présumer la fougue habituelle de sa peinture.

La *Pieta,* quel immense cri de douleur ! La mère

tombant entre les bras de Jean et de Madeleine, et
sur les genoux le cadavre du fils; au fond, des disciples qui pleurent. En regardant cette toile, on se
sent comme pris d'une immense tristesse; et cette
magnifique conception est perdue au fond d'une église
banale, *Saint-Denis du Saint-Sacrement*, horri-
blement éclairée par une malheureuse fenêtre et relé-
guée au bas de l'église, dans un enfoncement près de
la porte.

La Passion! les Espagnols et les Flamands, ces
gens de l'inquisition, n'avaient trouvé dans la Passion que l'escorte, les gardes, les bourreaux, le sang,
les Romains, les Juifs, les cuirasses, les étendards,
les lances, les chevaux, les fouets et les clameurs de
la multitude.

Nous venons de voir comment Eugène Delacroix la
comprit.

Les martyrs, il les vit de la même manière.

Les saints auxquels on arrache la langue, les saints
que l'on écartelle, que l'on grille, que l'on torture,
que l'on géhenne, que l'on tenaille, que l'on pend, il
n'en voulait pas.

Ses yeux se tournaient vers les femmes pieuses qui
viennent ensevelir le corps du *saint Sébastien* et lui
arracher du flanc les flèches meurtrières.

Son esprit s'arrêtait sur le *saint Étienne* que
d'autres femmes viennent relever pour l'ensevelir.

Elles respirent l'amour, ce grand levier des religions vraies! ses admirables compositions.

Dans le grand colosse, sous les coquillages et les mousses, il avait entrevu la vraie couleur du marbre ancien.

Lorsqu'il quitta la France pour aller chercher des sujets dans les nouveaux pays d'Alger, on s'attendait à son retour à des combats, à des batailles, à du sang, à de la mitraille, ou tout au moins à des tigres féroces, à des lions hérissés, à des chasses terribles. Son pinceau ne put résister, il est vrai, à ces fougueuses études; il voyait les hôtes du grand désert, il les étudia, mais partiellement. Sous le ciel brûlant du Sahara, il copia bien des choses; mais que rapporta-t-il de plus complet de son voyage au Maroc? Des *intérieurs de femmes*, des *noces juives*, la musique, la danse et le repos de la paix.

La paix, voilà quelle était désormais sa grande inspiration.

L'homme du Boissy d'Anglas peignant la paix, quelle transformation!

C'est qu'il la sentait finie, cette génération militaire qui n'avait rêvé la gloire que sur les champs de batailles. L'aurore de la grande fraternité des peuples allait se lever.

Il devait peindre au Corps législatif *la Coupole d'Orphée*, à l'Hôtel de Ville, *le Salon de la Paix*.

IX

Le Salon du Roi. — Le trône.

Cette pauvre royauté de 1830 avec ses tables de la loi, ses devises ronflantes, son coq soi-disant gaulois et sa charte constitutionnelle, avait vraiment bien mauvais goût.

Dans une espèce d'antichambre à colonnes du Palais-Bourbon, au milieu d'un vestibule on a réservé un petit coin, ce petit coin a été entouré de portes vitrées, comme une orangerie, et au fond sur une petite marche, adossée à une portière verte, on a placé un fauteuil, *le trône.*

Un trône dans une antichambre, vraiment, c'est là sentir d'une lieue son parvenu.

Eugène Delacroix avait été chargé de décorer *l'Orangerie,* qui devait s'intituler *le Salon du Roi.*

A cette époque, Horace Vernet et Paul Delaroche travaillaient au grand Salon de la Paix, appelé depuis Salle des Pas-Perdus.

Horace Vernet, le vrai peintre de cette royauté bourgeoise, faisait au centre de son plafond, une grosse femme, assise entre une ruche et un soc, avec des cheminées d'usines dans le fond, flanquée à droite et à gauche de deux caissons, contenant, l'un, des hommes tout nus sur une locomotive, l'autre, une femme nue aussi, mais dans l'eau, effrayée par l'apparition d'un bateau à vapeur, et s'enfuyant en compagnie d'une bande de goëlands et de canards.

Le reste de la voûte était agrémenté par la promenade sentimentale des grands corps de l'État.

Le corps diplomatique, gardé par un *grenadier de la garde nationale;*

L'Académie, gardée par un *voltigeur de la ligne;*

La Haute-Cour, toujours gardée par un *voltigeur de la garde nationale;*

La Chambre des pairs, gardée de plus en plus par un *municipal.*

Les frais d'imagination n'étaient pas très considérables, mais bien suffisants, paraît-il, pour le public d'élite qui venait se promener sous ces portiques.

Allez donc mal parler de M. Horace Vernet dans les meilleurs salons de la Chaussée-d'Antin, au

Marais, ou même dans la rue Saint-Denis ou la rue Saint-Martin.

— Horace Vernet, mon cher monsieur, c'est le plus grand peintre de l'ère moderne.

Ce qui prouve en passant que le succès se base sur une certaine médiocrité qui vous laisse abordable à un plus grand nombre, et que les génies sont toujours incompris de leur temps.

Heureusement que la postérité se charge de la vengeance.

Eugène Delacroix donc avait été désigné pour décorer *le Salon du Roi*.

Au milieu de ce fatras d'idées bourgeoises, le grand artiste eut besoin de s'isoler pour trouver quelque chose.

Un trône!

Et certes, il dut faire alors sur ce sujet bien des réflexions, qu'il serait fort malséant à nous de reproduire ici.

Quoi qu'il en soit, pour lui *le trône* ne fut qu'une source d'où doit s'épancher fructifiante, sur le monde ou sur le pays, comme on disait à l'époque de Jérôme Paturot, l'onde toujours pure et bienfaisante de la puissance.

Autour de la salle, il peignit les *fleuves de France*, immenses cariatides, en grisailles d'un effet gigantesque, qui réussissent à dissimuler entièrement la mesquinerie qui vous prend à la gorge dans presque toutes les salles du Palais-Bourbon.

Sur le plafond, il fit *la Justice*, *l'Industrie*, *l'Agriculture* et *la Guerre*, et dans la frise, une série de personnages symbolisant les sujets de la voûte.

Près de *la Guerre*, apparaissent souriantes et calmes deux charmantes têtes, pleines de pitié, qui semblent implorer je ne sais quoi de la farouche déesse. On retrouve partout dans son œuvre la grande aspiration à la paix universelle.

Au milieu de ce palais grec ou du moins qui a la prétention de l'être, dans ses salles nues, maniérées, guindées, prétentieuses, les conceptions d'Eugène Delacroix reposent doucement la vue, on dirait des fleurs naturelles au milieu d'un parterre de marguerites en fil de fer et en papier.

X

Le Salon de la Paix.

A l'Hôtel-de-Ville le contraste est encore plus
frappant.

Vous connaissez ces galeries pleines de stuc, de
plâtre et de clinquant qui décorent le monument de
la place de Grève : — 963 mètres de pourtour, comme
dit le gardien dans son boniment illustré de velours
et de cuirs qui ne font qu'ajouter un peu plus de
couleur locale à la chose. Vous connaissez ces lustres
empaquetés, ces meubles dont on relève à peine un
coin de housse, par économie ; ces dressoirs qui ne
peuvent provenir que de quelque *Hôtel des voyageurs*
de Quimper ou de Brives.

Ces éternels pendants, où l'on est forcé pour la pé-
riode de mettre en regard François Ier, Henri IV,
Louis XIV et Louis-Philippe, au bout de toutes ces
dorures, après un grand quart d'heure de marche,

on vous ouvre le *Salon de la Paix* : d'ordinaire même messieurs les gardiens, qui ont fait de ce salon un débarras, *un garde-meuble,* se dispensent de vous y introduire. C'est là qu'Eugène Delacroix a peint *la Paix venant consoler les hommes.*

Avez-vous parfois subi une solennelle distribution des prix par 35 degrés de chaleur dans une salle un peu basse, avec le discours du professeur de rhétorique, l'allocution du principal et les sons harmonieux de la musique du collège, sans compter la cantate, les embrassements des mères, des sœurs, des tantes et des nièces ?

Lorsque, froissés, heurtés, bousculés, vous finissez par sortir enfin de cette fournaise dont nul chimiste ne pourrait analyser les miasmes, l'air vous semble une chose délicieuse, vos poumons se dilatent, vous marchez, vous respirez, vous vivez.

Quand on a traversé les galeries somptueuses de l'Hôtel-de-Ville, quand on vient d'avaler les peintures de MM. Schopin, Vauchelet, Picot, Hesse et Lehmann, élèves de M. Ingres, dès qu'on entre dans le *Salon de la Paix,* on éprouve une sensation analogue.

Nous ne reviendrons pas sur ce que nous avons dit de l'interprétation de la Grèce ancienne, par DELACROIX. C'est surtout dans ce salon que l'on peut se convaincre de l'entente exacte et puissante qu'il avait des fables antiques.

Les Travaux d'Hercule occupent tous les dessus de porte. Le plafond est rempli par les dieux de l'Olympe : *Vénus, Cérès, Mercure, Minerve*, etc., etc., qui se laissent aller majestueusement à un repos plein de mansuétude. La *Paix*, dans la grande toile du centre, descend du ciel avec l'Abondance, pour consoler l'humanité. Les guerriers s'enfuient, chassés par une femme; la Discorde se glisse avec son serpent en cachant sa figure hideusement féroce; le soleil se lève.

La Force déblayant le terrain pour faire place à la Concorde humaine, quelle idée grandiose!

Le peintre est parfois un sublime apôtre.

XI

Eugène Delacroix était tellement convaincu de
cette mission dont si peu se préoccupent aujourd'hui,
qu'il mettait à l'exécution de ses fresques une con-
science, une étude, un acharnement pleins de grandeur et de dignité.

Il avait su donner des leçons aux rois, il sut en
écrire de magnifiques pour les législateurs.

La bibliothèque du Corps législatif et la coupole de
celle du Sénat en font foi.

Au Palais-Bourbon, — c'est d'un côté la barbarie
militaire, la force brutale par excellence, *Attila* suivi
de ses hordes qui foule aux pieds de son cheval l'I-
talie conquise et ses monuments, coupole semi-hé-
misphérique qui occupe le côté occidental de la bibliothèque, et de l'autre, *Orphée* qui vient policer
les Grecs encore sauvages en leur enseignant les arts

de la paix; — seconde coupole qui occupe le côté oriental.

Le grand tyran, le Hun, brandit une masse d'armes, espèce de boule armée de dents, attachée par une chaîne à un manche, et la fait tourner autour de sa tête. A ses pieds une femme nue, belle comme doit l'être l'Italie en pleurs, s'apprête à mourir sous les coups de cette rage aveugle. Au fond, la mer gronde; les hordes descendent à la suite du chef et galopent à travers les chapiteaux brisés des temples antiques.

La tyrannie barbare, voilà le danger!

Orphée, dans une plaine verdoyante du côté où se lève le soleil, appelle doucement à lui les hommes, l'harmonie la plus majestueuse, celle de la lyre des poètes. (DELACROIX, nous le verrons plus tard, au lieu de bannir les poètes de sa république, les appelait toujours, au contraire, pour l'aider à éclairer le genre humain. N'avait-il pas rendu au Dieu de la Poésie sa véritable majesté en le faisant le Dieu de la lumière?)

L'harmonie la plus majestueuse, dis-je, accompagne les chants de l'époux d'Eurydice, l'homme écoute :

Pour les faiseurs de lois, voilà le but.

Les devoirs occupent tous les caissons intermédiaires, entre les deux coupoles.

— *Éducation d'Achille*; — *Démosthène sur le bord de la mer s'exerçant à la parole*, cette gymnastique de l'esprit nécessaire à l'homme qui veut gouverner les hommes;

Le respect de la poésie et des poètes (il y tient particulièrement): *Alexandre et les poèmes d'Homère* que nous retrouverons au Luxembourg;

La haine des Verrès! — *Cicéron prononçant une de ses harangues contre l'infâme préteur sicilien;*

Cette confiance si douce, que nous devons toujours avoir dans ce que les anciens nommaient leurs muses, et que nous appelons souvent nos mères ou nos femmes : *Numa et Égérie, Hésiode et la Muse, Lycurgue et la Pythie;*

Le respect des vieillards, consacrés par la science, le travail ou le dévouement : *Hérodote interroge les traditions des Mages; les Bergers de Chaldée inventent l'astronomie; Socrate et son démon;*

Le mépris de l'exil, enfin, de la mort même, quand il s'agit de la vérité à défendre :

Ovide chez les Barbares: Ingrate patrie, tu n'auras pas mes os; — *la Captivité de Babylone, la Mort de saint Jean-Baptiste,* le caprice d'une danseuse! Comme il était moderne dans ses études antiques, ce peintre philosophe!

Le dévouement à sa mission jusqu'au bout : *la Mort de Pline au Vésuve et d'Archimède à Syracuse.*

La dignité suprême enfin du grand homme, l'incorruptibilité : *Hippocrate refusant les présents du roi de Perse.*

Ah! certes oui, le peintre est un apôtre.

Croyez-vous donc qu'après un discours soldé d'avance un orateur de nos chambres ne rougirait pas en entrant dans cette bibliothèque à la vue d'*Hippocrate refusant les présents du roi de Perse?*

Croyez-vous donc que l'image d'*Ovide* et le souvenir de ses vers, que la figure de *Cicéron* et celle de *Démosthène* n'ont pas souvent fait passer comme un rêve leurs immortelles harangues devant l'esprit de nos modernes?

Croyez-vous donc enfin que les conseils d'une aimable *Égérie* ne sont pas revenus en mémoire à plus d'un devant celle de *Numa Pompilius?*

La mission de l'art est immense.

Et qu'on ne vienne pas me répéter encore que tout cela n'est qu'imagination, que subtilité. Je dirai simplement à mes critiques : Vous rappelez-vous quand vous étiez enfant et qu'au fond de la salle à manger de votre grand'mère vous marchiez doucement sur la pointe du pied vers le buffet où vous saviez rencontrer la douceur qu'on réservait à votre sagesse, au moment de saisir la bienheureuse chaise qui allait vous permettre d'atteindre la sucrerie et les desserts enviés, votre œil rencontrait celui d'une tante en perruque blanche ou d'un grand-père au regard rébarbatif dans leurs cadres dorés.

Quand vous n'aviez pas avec vous le méchant frère qui vous criait : « Elle ne le dira pas, » votre main hésitait, votre petit cœur battait plus fort et vous vous en alliez très honteux et très contrit. Le soir le portrait vous lançait un coup d'œil approbateur, vous embrassiez plus fort votre mère, vous vous sentiez fier et vous ne péchiez plus.

Du petit au grand, on a beau vouloir le nier, la chose existe de la même façon.

Un juge d'instruction arracha, dit-on, l'aveu forcé d'un coupable en lui montrant *la Justice de Prudhon.*

Si tous les peintres étaient aussi pénétrés de la grandeur de leur mission que l'était Eugène Delacroix, peut-être ne nierait-on pas tant leur influence sur les masses, leur influence sur les individus.

Quand donc les pierres crieront-elles à tout un peuple ses devoirs, ses lois et ses principes immortels ?

La peinture murale est le plus magnifique des enseignements et le plus puissant des moyens de moralisation. Demandez plutôt aux cathédrales.

XII

La Bibliothèque du Luxembourg. — César. — Alexandre.

Au palais du Sénat la place était restreinte; on n'avait donné à notre maître qu'une coupole et le dessus d'une fenêtre. Il fit dans l'une *les Champs-Élysées du Dante*, et au-dessus de l'autre, *Alexandre après la bataille d'Arbelles, recevant les poèmes d'Homère et les déposant dans une cassette d'or*.

On a considérablement abusé de *César* et d'*Alexandre* autrefois. J'en ai parlé ailleurs, je n'y reviendrai pas.

Eugène Delacroix, pour excuser l'un et faire tolérer l'autre, dans ses Champs-Élysées, les a placés près d'*Aristote* et de *Cicéron*, encore a-t-il relégué *César* au troisième plan. Sur le devant de la scène, il mettait *Caton d'Utique*, *Porcia*, sa fille, *la femme de Brutus*, *Marc-Aurèle*, *Trajan* et *Cincinnatus*.

On ne peut s'empêcher, ce me semble, de voir ici

percer, malgré tout, le caractère profondément libre du maître.

Parmi les poètes, *Dante* et *Virgile* sont reçus par *Homère* et « l'illustre compagnie du poète souverain qui plane comme l'aigle au dessus de tous les poètes (1). »

Un génie ailé puise dans une coupe l'onde sainte qui coule aux pieds du chantre d'Achille et l'offre au poète florentin. — *Orphée, Sapho, Hésiode,* tiennent l'autre côté de la coupole. Les tigres viennent eux-mêmes écouter les accords de la lyre.

Dictus ob hoc lenire tigres.

Et sous l'ombre du laurier d'Academus, *Platon, Socrate, Aspasie, Aristote, Alexandre, Alcibiade,* causent de l'immortalité de l'âme.

Raphaël aussi a fait un Parnasse. Raphaël aussi a fait l'Académie. Raphaël aussi a fait un Attila. Mais dans les œuvres du Sanzio, l'Apollon n'est que le joueur de violon du Pape, les amis des philosophes s'appellent Bembo, secrétaire de Léon X, François-Marie de la Rovère, duc d'Urbin, Gonzague de Mantoue, Jacques Sadolet, etc. Le roi des Huns est terrifié par saint Pierre, saint Paul et leur digne successeur le pape régnant.

(1) *Divine Comédie*, Enfer, livre IV.

L'art au XVIᵉ siècle était pour ainsi dire *jeune homme*, il sortait à peine de l'enfance, il écoutait parler autour de lui et recevait des conseils, des remontrances et des ordres. L'art est devenu homme fait de nos jours, il n'a plus à entendre des commandements, il devrait savoir en donner.

XIII

La Mission de l'art.

J'ai dit que DELACROIX comprenait cette nouvelle mission de l'art, et je crois avoir eu raison de l'affirmer.

Certes, l'homme qui crie à tout un monde couvert d'épaulettes d'or, de décorations militaires, à tout un monde porteur d'épée, au milieu d'une fête resplendissante, quand brillent les lustres, les diamants et les yeux des jolies femmes : « *La Paix est l'idéal du bonheur de l'homme sur terre;* »

Cet homme-là est un apôtre !

L'homme qui dit à un roi : « *Vois ces fleuves de* « *ton pays, ils sont les grandes artères de la civi-* « *lisation, tu en es pour un jour la source, fais* « *qu'elle soit toujours limpide et calme; la Jus-* « *tice est au-dessus de toi, prends garde;* »

Cet homme-là est un apôtre !

6.

L'homme qui montre à des législateurs la Barbarie funeste et la Guerre immonde, foulant aux pieds les arts, comme écueil, et, d'un autre côté, comme but, la Paix, protégée par Minerve et par Cérès aux blonds épis, donnant le bonheur aux mortels par *l'harmonie fraternelle et la poésie;*

Cet homme-là est un apôtre !

Nul mieux que lui ne comprend le sublime sacerdoce de l'art.

XIV

Conclusion.

Nous venons de faire une analyse psychologique de l'œuvre d'Eugène Delacroix.

Si nous avons pris çà et là, sans nous préoccuper des dates, dans les toiles du maître des points d'appui pour notre thèse, c'est que dans l'âme il est un certain nombre de semences qui germent toutes en même temps, mais d'une manière diverse. Les idées sont comme les fleurs, quelques rayons de soleil suffisent pour faire atteindre une très grande hauteur à telle plante ; il faut plusieurs printemps pour en laisser croître telles autres. A l'ombre des unes il en est qui végètent et deviennent grandes dès que le vide s'est fait au-dessus d'elles.

Dans les toiles fougueuses du peintre nous avons vu germer quand même la grande idée de *la Paix*, qui s'est ensuite développée et s'est étendue partout sur son âme.

La bataille de Poitiers, l'Entrée des Croisés à Constantinople, Justinien, les deux *Orphées* du Corps législatif et du Palais du Luxembourg,

Alexandre après la bataille d'Arbelles; le Plafond de l'Hôtel-de-Ville.

Presque aussi belle, mais plus précoce, avait poussé *la Liberté;* celle-là atteignant de suite une grande hauteur : — *Mirabeau, les Massacres de Scio, la Mort de Botzaris,* le *29 Juillet* 1830.

Puis vint la Consolation, qui, d'abord fragile, ne prit son élan vers le ciel que sur le tard : *Jésus au jardin des Oliviers, saint Sébastien, saint Étienne, la Pieta.*

L'amour suprême de la philosophie : — *Tous les caissons de la Bibliothèque du Corps législatif, la coupole du Sénat,* etc.

En voilà bien assez, je crois, pour dessiner un profil d'homme sur l'indécise génération qui a vu naître et mourir successivement tant de choses.

Au milieu de ses contemporains, Eugène Delacroix présente une grande silhouette sombre qui vous effraie et vous étonne, mais qui, semblable aux grands sphinx de Karnac ou de Thèbes, devient magnifique, sublime à mesure qu'on s'en éloigne, surtout quand elle se détache sur le ciel pâle et terne du désert.

M. Ingres, sans doute, a fait des chefs-d'œuvre, mais sa peinture a je ne sais quoi de poli, de régulier, de convenu, qui vous laisse froid. On dirait qu'il a peint ses tableaux en habit noir.

Horace Vernet a de la fougue, de l'entrain, de l'animation, du brio. Il a dû travailler au son du tambour, au bruit des épées qui se croisent, travailler en culotte rouge et en tunique bleue.

Delaroche est plus officiel. Il étudiait en collet brodé, en membre de l'Institut.

Flandrin peignait en robe de lin; Scheffer, en philosophe spiritualiste.

Delacroix a peint en homme.

C'est véritablement dans l'art l'expression la plus complète des tendances, des idées, des convictions de l'époque où nous vivons.

M. Thiers, au moment de son apparition disait . « EUGÈNE DELACROIX a reçu le génie, » et Gérard le portraitiste s'écriait : « Un peintre nous est né. »

On l'a contesté pendant sa vie, on l'a nié, bafoué, conspué. Mais nous qui venons après lui, nous pouvons aujourd'hui, sans crainte, nous écrier sur sa tombe :

UN GRAND PEINTRE, UN VRAI MAÎTRE EST MORT !

FIN.

TABLE DES MATIÈRES

PARIS. — IMP. C. MARPON ET E. FLAMMARION, RUE RACINE, 26.